# PROJET

## DE

# PAIX PERPÉTUELLE.

# PROJET

## DE

# PAIX PERPÉTUELLE;

## ESSAI PHILOSOPHIQUE

### Par EMMANUEL KANT.

#### TRADUIT DE L'ALLEMAND,

##### AVEC UN NOUVEAU SUPPLÉMENT DE L'AUTEUR.

# A PARIS,

CHEZ JANSEN ET PERRONNEAU,
IMPRIMEURS-LIBRAIRES, PLACE DU MUSÉUM.

AN IV. (1796.)

# A la paix éternelle.

Cette inscription satyrique, gravée par un Aubergiste hollandois sur son enseigne, où il avoit fait peindre un cimetière, avoit-elle pour objet les hommes en général, ou particulièrement les Souverains, insatiables de guerre, ou bien les philosophes, qui se livrent au beau songe d'une paix perpétuelle? voilà ce que nous ne saurions décider. Quoiqu'il en soit, l'Auteur de cet écrit le publie sous une seule condition: la voici.

Le Politique pratique a coutume de témoigner au faiseur de théories autant de dédain, qu'il a de complaisance pour

A

lui-même. A ſes yeux, ce dernier n'eſt qu'un pédant d'école, dont les idées creuſes ne portent jamais préjudice à l'Etat, auquel il faut des principes déduits de l'expérience; qu'un joueur inſignifiant, à qui il permet de faire, de ſuite, tous ſes coups, ſans avoir beſoin de prendre, dans ſa ſageſſe, des meſures contre lui. Voilà l'uſage. Que l'homme d'état daigne donc être conſéquent; et ſi, par hazard, il découvre dans cet écrit des idées oppoſées aux ſiennes; qu'il n'imagine pas voir un danger pour l'Etat, dans des opinions hazardées à l'aventure et publiées avec franchiſe. Clauſe de précaution, par laquelle l'auteur prétend expreſſément ſe garantir, en bonne et due forme, de toute interprétation maligne.

## Premiere Section,

qui contient les articles préliminaires d'une

paix perpétuelle.

---

I. „On ne regardera pas comme và-
„lide tout traité de paix, où l'on
„fe réferveroit tacitement la ma-
„tière d'une nouvelle guerre".

Un pareil traité ne feroit qu'une fimple trève, une fufpenfion et non une cef-
lation entière d'hoftilités. Nommer une
telle paix perpétuelle, c'eft la charger d'une

épithète oiseuse, qui la rend même sus-
pecte. Un traité de paix doit anéantir
tous les sujets de recommencer la guerre
présens ou à venir, et même encore inconnus aux parties contractantes, fussent-
ils déterrés dans les documens poudreux
des archives, par la sagacité la plus raffi-
née. Se réserver tacitement des prétentions, sans les déclarer, parcequ'on est
trop épuisé pour continuer la guerre;
compter sur d'anciennes et d'obscures prétentions, qu'on pourra imaginer dans la
suite, avec la mauvaise intention de les
faire valoir à la première occasion favorable; une telle restriction mentale peut,
tout au plus, convenir à quelque casuiste
Jésuite; envisagée en elle même, elle est
au dessous de la dignité des Souverains,
comme il est au dessous de la dignité d'un
Ministre, de se prêter à faire des déduc-
tions de cette espèce.

Mais fi, en conféquence des lumi-
neux principes de la Politique, on fait
confifter la gloire de l'état dans un ac-
croiffement perpétuel, par des moyens
quelconques; — mon raifonnement n'eft
évidemment qu'une pédanterie fchola-
ftique.

II. „Tout Etat, qu'il foit grand ou
„petit, ne pourra jamais paffer au
„pouvoir d'un autre Etat, ni par
„échange, ni à titre d'achat ou de
„donation".

Un Etat n'eft pas un patrimoine,
comme le fol où il fe trouve. C'eft une
fociété d'hommes, dont l'Etat feul ofe
difpofer en maître. C'eft un trône qui a
fes propres racines. L'incorporer à un
autre Etat, comme une fimple greffe,
c'eft le réduire, de perfonne morale qu'il
étoit, à l'état d'une chofe; ce qui contredit l'idée du contract focial, fans le-

quel on ne fauroit concevoir de droit
fur un peuple *).

. Chacun fait à quels dangers l'Europe, feule partie du monde où cet abus
ait eu lieu, s'eft vue expofée, jufqu'à
nos jours, par une fuite du préjugé mer-
cantile que les Etats peuvent s'époufer
les uns les autres; nouveau genre d'in-
duſtrie, par où l'on obtient, au moyen
de traités de famille et fans aucune dé-
penfe de forces, ou un excès de puiſſance,
ou un prodigieux accroiſſement de do-
maines, —

---

*) Un Royaume héréditaire n'eft pas un
Etat, qui puiſſe paſſer à un autre Etat, mais
dont le droit adminiſtratif peut être hérité
par une autre perfonne phyſique. L'Etat ac-
quiert alors un chef: mais celui-ci, entant
que chef ou maître d'un autre Royaume, n'ac-
quiert pas l'Etat.

Par une conféquence du même principe, il eft interdit à tout Etat de mettre des troupes à la folde d'un autre Etat contre un ennemi qui n'eft pas commun à tous deux; car, c'eft employer les fujets comme des chofes, dont on peut difpofer à fon gré.

III. „Les troupes réglées (miles per„petuus) doivent être abolies „avec le temps‟.

Car étant toujours prêtes à agir, elles menacent fans ceffe d'autres Etats et les excitent à augmenter à l'infini le nombre des hommes armés. Cette rivalité, fource inépuifable de dépenfes, qui rendent la paix plus onéreufe qu'une courte guerre, fait même entreprendre quelquefois des hoftilités, dans la feule vue de fe délivrer par là d'une fi pénible charge. D'ailleurs, être pris à la folde, pour tuer ou pour être tué, c'eft fervir d'inftrument ou de machine dans la main d'autrui. On ne voit pas trop bien comment un tel ufage, qu'un tiers (l'Etat) fait des hommes, eft compatible avec les droits que la Nature leur donne fur leur propre perfonne *).

Il en eft tout autrement d'exercices militaires, entrepris volontairement, et à des temps réglés, par les citoyens, pour fe garantir eux et leur patrie des aggref-fions du dehors. —

La théfaurifation, moyen de puiffance militaire plus efficace peut-être que celle des armées ou des alliances, produiroit le même effet que les troupes réglées et

---

*) Voilà le fens de la réponfe qu'un Prince de Bulgarie fit à un Empereur d'Orient, qui voulant éparguer le fang de fes fujets, lui avoit propofé de terminer leur différent dans un combat fingulier: un maréchal à qui il refte des tenailles, lui répliqua-t'-il, ira-t'-il tirer le fer ardent de la braife, avec les mains?

exciteroit les autres Etats à la guerre, parcequ'elle les en menace, s'il étoit moins difficile de s'inftruire de la force du tréfor.

IV. „Ou ne doit point contracter de „dettes nationales, pour foutenir „les intéréts de l'Etat au dehors".

Les emprunts, faits dans l'intérieur de l'Etat ou dans l'étranger, offriront une reffource nullement fufpecte, fi on les deftine à l'économie du pays, comme feroient la réparation des grandes routes, de nouvelles colonies, l'établiffement de magazins pour les années ftériles etc. Mais, que penfer de ce fyftème de crédit, invention ingénieufe d'une nation commerçante de ce fiècle, au moyen duquel les dettes s'accumulent à l'infini, fans qu'on foit embarraffé des remboursemens, parceque les créanciers ne les exigent jamais à la fois? Confidéré comme

reffort politique, c'eft un moyen dange-
reux de puiffance pécuniaire, un tréfor
pour la guerre, fupérieur à celui de tous
les autres Etats pris enfemble, et qui ne
peut s'épuifer à la longue, que par le
déchet des taxes; (épuifement bien retar-
dé encore par la réaction favorable du
crédit fur le commerce et fur l'induftrie).
Cette facilité de faire la guerre, jointe
au penchant naturel qui femble y porter
les hommes, dèsqu'ils en ont le pouvoir,
eft un très grand obftacle à la paix éternelle. Et ce qui autorife d'ailleurs à en
exiger l'abolition, comme un article pré-
liminaire de cette pacification, c'eft que,
tôt ou tard, il en réfulteroit une banque-
route nationale, par où plufieurs Etats,
qui en fouffriroient innocemment, fe trou-
veroient ouvertement léfés. Ils font donc,
pour le moins, en droit de fe liguer contre un Etat qui fe permet de pareilles mefures, attentoires à leur fûreté.

V. „Aucun Etat ne doit s'ingérer de
„force dans la conſtitution, ni dans
„le gouvernement d'un autre Etat."

Qu'eſt-ce qui peut l'y autoriſer? Peut-
être le ſcandale donné aux ſujets de quelque autre Souverain? Mais l'exemple de
l'anarchie peut au contraire les inſtruire
du danger qu'on court à s'y expoſer.
D'ailleurs le mauvais exemple qu'un être
libre donné aux autres, n'eſt qu'un ſcandale pris, et nullement une léſion de
leurs droits. — Il en ſeroit tout autrement d'une révolution qui diviſeroit un
Etat en deux Etats différens, dont chacun formeroit des prétentions au tout.
Comme il n'y a point alors de gouvernement, ce n'eſt pas s'ingérer de la conſli-
tution de cet état anarchique, que de
prêter du ſecours à l'un des partis. Mais
tant que ces diſſentions ne ſeroient pas
parvenues à ce point, des puiſſances étrangères ne pourroient y prendre part, ſans

léfer les droits d'une nation, indépendan-
te, réduite à luttér contre des maux in-
trinfèques; ce feroit là un fcandale donné,
qui rendroit incertaine l'autonomie de tous
les Etats.

VI. ,,On ne doit pas fe permettre, dans
,,une guerre, des hoftilités qui fe-
,,roient de nature à rendre impof-
,,fible la confiance réciproque, quand
,,il fera queftion de la paix. Tel-
,,les feroient l'ufage qu'on feroit
,,d'affaffins ou d'empoifonneurs, la
,,violation d'une capitulation, l'en-
,,couragement fecret à la rebel-
,,lion etc.

Ce font là des ftratagèmes déshono-
rans. Il faut qu'il refte, même dans la
guerre, une forte de confiance dans les
principes de l'ennemi, autrement on ne
pourroit jamais conclurre de paix; et les
hoftilités dégénéreroient en une guerre à

outrance (bellum internecinum)¡
tandisque la guerre n'eſt au fonds que la
triſte reſſource qu'il faut employer dans
l'état de nature pour défendre ſes droits,
la force y tenant lieu de tribunaux juri-
diques. Aucun des deux partis ne peut
être accuſé d'injuſtice, puisqu'il faudroit
pour cela une ſentence de droit; mais
l'iſſuë du combat décide, comme autrefois
dans les jugemens de Dieu, de quel
côté eſt le bon droit; puisqu'entre des
Etats il ne ſauroit y avoir de guerre de
punition, n'y ayant pas entre eux de sub-
ordination — Une guerre à outrance,
pouvant entrainer la deſtruction des deux
partis à la fois, avec l'anéantiſſement de
tout droit, ne permettroit la concluſion
de la paix éternelle, que dans le vaſte
cimetière de l'eſpèce humaine. Il faut
donc abſolument interdire une pareille
guerre, auſſi bien que les moyens qui y
conduiſent Or de ce genre ſont certai-

nement les pratiques infernales dont il
eſt fait mention dans cet article. Infames
par elles-mêmes, quand une fois elles
font uſitées, elles ne ceſſent pas même
avec la guerre, comme l'uſage des
eſpions, où l'on profite ſeulement de
l'infamie d'autrui, (indignité dont l'eſpèce
humaine ne ſera jamais totalement pur-
gée); mais les pratiques, que je cenſure,
reſteront en uſage même après la paix
qu'elles rendront inutile.

\*    \*    \*

Quoique les loix indiquées ſoient toutes des loix prohibitives, en tant
qu'on les enviſage objèctivement et telles
qu'elles doivent être dans l'intention des
Puiſſances, il y en a cependant quelques
unes de ſtrictes, qui exigent une exécution prompte et abſolue. Telles ſont

les n°. 1, 5, 6. D'autres (comme les n°. 2, 3, 4) fans faire exception à la règle du droit, font moins rigoureu- fes (leges latae) parcequo leur ob- fervation dépend de circonftances locales et accidentelles, qui peuvent en retarder l'exécution, fans qu'il foit permis néan- moins d'en perdre entièrement le but de vuë et de remettre aux Kalendes Grec- ques (pour me fervir d'une expreffion d'Augufte) les reftitutions à faire aux Etats qui ont été léfés, (n°. 2) ce qui feroit annuller la loi qui l'ordonne. Mais ce délai même n'eft permis, que pour empé- cher une précipitation qui pourroit nuire au but qu'on fe propofe. La loi prohi- bitive, contenue dans cet article 2, ne détermine que pour l'avenir le mode d'ac- quifition légitime, fans avoir un effet ré- troactif; la poffeffion actuelle, fans être jufte et légale en elle même, ayant été

généralement réputée telle, à l'époque
de la prétendue acquifition. *)

---

*) Ce n'eft pas fans raifon qu'on a été incer-
tain jusqu'à préfent, fi, outre le précepte,
(leges praeceptivae) et la défenfe (leges
prohibitivae), il y a encore des loix
permiffives (leges permiffivae.) Car
la loi, en général, fuppofe une néceffité morale d'agir; une permiffion, au contraire, la
poffibilité morale des actions dans certains cas
donnés; une loi permiffive obligeroit donc fans
reftriction à une action, qui ne feroit poffble
que fous certaines conditions: ce qui impli-
queroit contradiction, fi l'objet de la loi étoit
le même fous l'un et l'autre rapport. Or dans
la loi permiffive dont il s'agit, la défenfe
ne fe rapporte qu'au mode d'acquifition future
(p. e. par hérédité); mais la permiffion qui
annulle cette défenfe regarde l'état de poffeffion
actuelle. Dans le paffage de l'état de nature
à l'état civil, cette poffeffion putative, quoiqu'
illégale, peut néanmoins être maintenue comme
honnête, en vertu d'une permiffion du droit
naturel. Mais il ne faut pas que fon illéga-

lité foit reconnue; car du moment où, dans l'état de nature, une poffeffion putative, et dans l'état civil, une acquifition pareille, font reconnues comme injustes, elles ne fauroient plus avoir lieu, parcequ'elles deviennent alors une léfion des droits.

Je n'ai voulu que fixer, en paffant, l'attention des Docteurs du droit naturel, fur l'idée des loix de permiffion, qui s'offre d'elle-même à tout efprit fyftématique; principalement, parcequ'on en fait un ufage fi fréquent dans les loix civiles, quoiqu' avec cette différence: la défenfe y eft expreffe et abfolue, et la permiffion n'y eft pas inférée comme condition reftrictive, ainfi quelle devroit l'être, mais elle fe trouve parmi les exceptions. Nous défendons ceci ou cela, y eft il dit, excepté N°. 1, 2, 3 jusqu'à l'infini. Les exceptions n'y font pas jointes à la loi d'après un principe fixe, mais au hazard et en parcourant à l'aveugle les divers cas qui fe rencontrent; car, fans cela, les reftrictions feroient toujours inférées dans la formule de défenfe, qui deviendroit par là une loi permiffive — Auffi eft-il très fâcheux, que l'on ait fitôt abandonné la queftion propofée par Mr. le Comte de Windifch-grätz.

Ce fage profond avoit précifément infifté fur le point dont il s'agit, dans fon problème ingénieux qui refte encore à réfoudre. En effet, on ne fera en droit de fe promettre une législation immuable et permanente, que lorsqu'on aura démontré la poffibilité d'une formule mathématique qui ferve de fondement aux loix. Sans elle on aura bien des loix générales, qu'on appliquera à un grand nombre de cas, mais point de loix univerfelles, qui foyent applicables à tous les cas, comme l'idée d'une loi fembleroit l'exiger.

## Seconde Section,

qui contient les articles définitifs de la paix
perpétuelle.

---

Pour les hommes, l'état de nature n'eſt
pas un état de paix, mais de guerre, ſi
non ouverte, au moins toujours prête à
s'allumer. Il faut donc que l'état de paix
ſoit établi; car, pour être à l'abri de tout
acte d'hoſtilité, il ne ſuffit pas qu'il ne
s'en commette point; il faut qu'un voiſin
garantiſſe à l'autre ſa ſureté perſonnelle;
ce qui ne ſauroit avoir lieu que dans un
état de législation; ſans quoi l'un eſt en
droit de traiter l'autre en ennemi, après

lui avoir inutilement demandé cette garantie. *)

---

*) L'opinion commune eſt, qu'on n'oſe agir
hoſtilement que contre un aggreſſeur; et cela
eſt vrai, ſuppoſé que l'un et l'autre vivent
dans un état de législation civile. Car, en y
entrant, ils ſe garantiſſent réciproquement la
ſureté requiſe, par l'obéiſſance commune qu'ils
prêtent au Souverain. Mais l'homme ou le
peuple, qui vit dans l'état de nature, me prive
de cette ſureté et m'attaque ſans être aggreſſeur,
par cela même qu'il ſe trouve à côté de moi
dans un état d'anarchie et ſans loix; menacé
ſans ceſſe de ſa part d'hoſtilités contre lesquelles je n'ai point de garant, je ſuis en droit de
le contraindre, ſoit, à s'aſſocier avec moi ſous
l'empire de loix communes, ſoit à quitter mon
voiſinage.

Voici donc le principe ſur lequel tous les
articles ſuivans ſont établis:

Tous les hommes, qui influent les uns ſur
les autres, doivent avoir une conſtitution civile.

Or toute conſtitution légitime, conſidérée
quant aux perſonnes qui en ſont l'objet, eſt

1) ou conforme au droit civil et ſe borne
à un peuple (jus civitatis).

## Premier article définitif
## pour la paix perpétuelle.

————

*La constitution civile de chaque Etat doit être
républicaine.*

La seule constitution qui résulte de l'idée
du pacte social, sur lequel doit se fonder

————————

2) ou au droit des gens et règle les relations des peuples entr'eux (jus gentium.)

3) ou au droit cosmopolitique, en
tant que les hommes, ou les Etats, sont
considérés comme influans les uns sur les
autres en qualité de parties constituantes
du grand Etat du genre humain (jus
cosmopoliticum.)

Cette division n'est pas arbitraire; l'idée
d'une paix éternelle la nécessite. Car, supposez
que sous un de ces trois rapports deux peuples
soyent dans l'état de nature, et dans une influence physique réciproque, aussitôt renaîtroit l'état
de guerre, dont il s'agit d'être délivré.

toute bonne légiſlation d'un peuple, eſt
la conſtitution républicaine *). Elle ſeule

---

*) La liberté légale et par conſéquent
extérieure, n'eſt pas, comme on la définit d'or-
dinaire, la faculté de faire tout ce qu'on veut,
pourvuqu'on ne nuiſe pas à autrui. Elle con-
ſiſte à n'obéir qu'à des loix auxquelles j'aie
pu donner mon aſſentiment. De même, l'égalité légale dans un état, eſt le rapport des
citoyens entr'eux, ſuivant lequel l'un ne ſauroit obliger l'autre j'uridiquement, ſans que
celui-ci ne ſe ſoumette auſſi à la loi de pouvoir être obligé à ſon tour de la même manière. Le principe de la ſoumiſſion aux
loix, étant déja compris ſous l'idée d'une conſtitution en général, ne demande pas d'expli-
cation particulière.

L'inviolabilité de ces droits innés et im-
preſcriptibles de l'homme, ſe manifeſte plus
glorieuſement encore, lorsqu'on ſe repréſente
l'homme en relation avec des êtres d'une nature ſupérieure, comme citoyen d'un mon
d'intelligences. — Car, en commençant par
ma liberté, les loix de Dieu même, qui
ne peuvent m'être révélées que par la raiſon,

eft établie, fur des principes compatibles,
1, avec la liberté qui convient à tous les

---

ne font obligatoires pour moi, qu'autant que
j'ai pu concourir à leur formation, puisque je
ne parviens à connoître la volonté de Dieu,
que par la loi que ma propre raifon impofe à
ma liberté, en m'élevant au deffus de la néceffité
des loix de la nature. Quant au principe d'é g a-
l i t é, quelque relevée que foit la nature d'un
être, fût-il le plus grand après Dieu, (comme
le grand Aeon des Gnofiiques) fi je fais mon
devoir dans le pofte, qui m'eft affigné, comme
lui dans le fien, il n'y a pas de raifon, pour
laquelle j'aïe uniquement l'obligation d'obéir
et lui, le droit de commander. Ce qui fait
que le principe d'égalité n'est pas appli-
cable à nos relations avec Dieu, c'eft que
de tous les êtres, il eft le feul qu'on ne
puiffe pas fe repréfenter foumis au devoir.
S'agit-il du droit d'égalité commun à tous
les citoyens, en qualité de fujets? pour décider fi l'on peut tolérer une n o b l e f f e h é r é-
d i t a i r e, il fuffira de demander: la préémi-
nence du rang, accordée par l'état, doit-elle
être anterieure au mérite, ou le mérite doit-

membres d'une société, en qualité d'hommes ; 2, avec la soumission de tous à une
législation commune, comme sujets ; et enfin 3, avec le droit d'égalité, qu' ils ont
tous, comme membres de l'Etat. Il n' y
a donc que cette constitution, qui, rela-

---

il l'être au rang? Or, il est évident, que si
la dignité tient à la naissance, le mérite sera
incertain, et par conséquent, il vaudroit tout
autant accorder le commandement à un favori
sans aucun mérite ; ce qui ne sauroit jamais
être décrété par la volonté universelle du
peuple dans le pacte social, unique fondement de tous les droits. Car si la naissance
donne la noblesse, elle ne donne pas, pour
cela, la noblesse de l'esprit et du coeur.
Il en est tout autrement de la noblesse ou de
la dignité attachée aux magistratures, que
le mérite seul peut obtenir. Le rang n'y
tient pas à la personne, mais au poste, et
ce genre de noblesse n'altère pas l'égalité, par-
ceqn'en quittant le poste, on renonce au rang
qu'il donnoit, pour rentrer dans la classe du
peuple.

tivement au droit, ferve de bafe primitive
à toutes les conftitutions civiles; refte à
favoir, fi elle eft auffi la feule qui puiffe
amener une paix perpétuelle. Or en exa-
minant la nature de cette conftitution, je
trouve, qu' outre la pureté de fon origine qui tient à l'idée même du droit, elle
promet auffi les plus heureux effets et
peut feule nous faire espérer une pacification permanente. Voici de quelle manière.

Suivant le mode de cette conftitution,
il faut que chaque citoyen concourre, par
fon affentiment, à décider la queftion:
,,fi l'on fera la guerre, ou non." Or décréter la guerre, n'eft-ce-pas, pour des citoyens, décréter contre eux-mêmes toutes
les calamités de la guerre; favoir, de combattre en perfonne; de fournir de leurs
propres moyens aux frais de la guerre;
de réparer péniblement les dévaftations
qu' elle caufe; et pour comble de maux,

de fe charger enfin de tout le poids d'une
dette nationale, qui rendra la paix même
amère et ne pourra jamais être acquittée,
puisqu' il y aura toujours de nouvelles
guerres. Certes l'on fe gardera bien de
précipiter une entreprife auffi hazardeufe.
Au lieu que dans une conftitution, où les
fujets ne font pas citoyens de l'Etat, c'eft
à dire, qui n'eft pas républicaine, une déclaration de guerre eft la chofe du monde
la plus aifée à décider; puisqu' elle ne
coûte pas au chef, propriétaire et non
pas membre de l'Etat, le moindre facrifice
de fes plaifirs de la table, de la chaffe,
de la campagne, de la cour etc. Il peut
donc réfoudre une guerre, comme une
partie de plaifir, par les raifons les plus
frivoles et en abandonner avec indifférence la juftification, qu' exige la bienfé-
ance, au corps diplomatique, qui fera toujours prêt à la faire.

Pour empêcher qu'on ne confonde, comme cela se fait communément, la constitution républicaine avec la démocratique, il faut faire les observations suivantes.

Les formes d'un Etat peuvent être divisées, soit, selon les personnes qui jouissent du souverain pouvoir, soit d'après le mode d'administration dont use le chef quelconque du peuple. La première s'appelle la forme du Souverain (forma imperii) et il ne peut y en avoir que trois; l'autocratie, quand un seul a le pouvoir suprême; l'aristocratie, quand plusieurs le partagent; la démocratie, quand tous les membres de la société l'exercent.

L'autre forme est celle du gouvernement (forma regiminis); c'est le mode constitutionnel suivant lequel la volonté générale du peuple a décidé que s'exerceroit son pouvoir; et sous ce rapport, elle est ou républicaine, ou despotique Le Républicanisme est le principe politique, suivant lequel on sépare le pouvoir exécutif (le gouvernement) du législatif. Le Despotisme, celui où le législateur exécute ses propres loix, par conséquent c'est la volonté particulière du chef substituée à la volonté publique. La Démocratie est nécessairement despotisme, puisqu'elle établit un pouvoir exécutif contraire à la volonté générale; tous pouvant y décider contre un seul dont l'avis est différent; la volonté de tous, n' y est donc pas celle de tous; ce qui est contradictoire et opposé à la liberté.

Toute forme de gouvernement, qui n'est pas représentative, n'en est point: le législateur pouvant tout aussi peu se réunir dans la même personne avec l'exécuteur de sa volonté, que dans un syllogisme l'universel de la majeure peut servir de particulière dans la mineure. Quoique l'ariſtocratie et l'autocratie ſoient défectueuſes, en ce qu'elles ſont ſuſceptibles du vice dont je parle, elles renferment néanmoins la poſſibilité d'une adminiſtration repréſentative, ainſi que Fréderic II l'inſinuoit du moins en diſant: qu'il étoit le premier ſerviteur de l'Etat; *) au lieu que la Démocratie rend la repréſentation impoſſible, chacun y voulant

---

*) On a ſouvent blâmé, comme des flatteries groſſières et enivrantes, les épithètes ſublimes d'Oint du Seigneur, d'Exécuteur de la volonté divine, de Repréſentant de Dieu, qu'on prodigue aux Souverains. Mais je trouve qu'on les blâme ſans raiſon. Loin d'énorgueillir un Monarque, ces ſurnoms doivent l'humilier, s'il a de l'eſprit, comme on doit pourtant le ſuppoſer et s'il penſe, qu'il s'eſt chargé d'un emploi, ſupérieur aux forces d'un homme, ſavoir; protéger ce que Dieu a de plus ſacré ſur la terre, les droits de l'homme, et qu'il doit craindre ſans ceſſe d'avoir porté quelque atteinte à ce gâge chéri de la Divinité.

faire le maître. On peut donc affurer, que plus le nombre des gouvernans eft petit et leur repréfentation étendue, plus la conftitution fe rapproche du républicanisme et pourra y être portée par des réformes fucceffives.

Voilà pourquoi il eft plus difficile de parvenir à cette forme de gouvernement, la feule qui réponde parfaitement aux droits de l'homme, dans une ariftocratie, que dans une monarchie; et dans un Etat démocratique il eft même impoffible d'y arriver, fi ce n'eft par des révolutions violentes.

Et cependant la forme du gouvernement eft bien autrement importante pour un peuple que la forme du Souverain, *)

---

*) Mallet du Pan, dans fon langage pompeufement vide de fens, prétend être parvenu enfin, après une longue expérience, à fe convaincre de la vérité de ce mot connu de Pope:

quoique le plus ou le moins de rapport
de cette dernière avec le but dont je parle,
ne foit rien moins qu'indifférent. Or pour
être pleinement conforme au principe du
droit, il faut que la forme du gouvernement foit répréfentative. Elle feule per-

---

„laiffe les fots difputer fur le meilleur gou-
„vernement: le mieux adminiftré, eft le meil-
„leur." Si cela veut dire: que l'Etat le mieux
adminiftré eft le mieux adminiftré, il a, pour
me fervir de l'expreffion de Swift, caffé une
noix, pour avoir un ver. Mais ce mot doit-il
fignifier, que dans l'Etat le mieux adminiftré
le gouvernement eft le meilleur, quant à fa
conftitution, rien alors de plus faux; car une
bonne adminiftration ne prouve rien en faveur
du gouvernement.— Qui a mieux régné que
Titus et Marc-Aurèle? et néanmoins l'un
eut pour fucceffeur un Domitien, l'autre un
Commode; ce qui n'auroit jamais eu lieu
dans une bonne conftitution, leur inaptitude à
ce pofte ayant été affez tôt reconnue, et le
pouvoir du Souverain étant affez grand pour
les exclurre.

met le républicanisme; fans elle le gouvernement eft arbitraire et defpotique,
quelle que foit d'ailleurs la conflitution. —
De toutes les anciennes foit-difant Ré-
publiques, il n'en eft aucune qui ait connu
ce fyftème; auffi a-t-il fallu qu'elles
aboutiffent toutes au Defpotisme, quoique le moins infupportable de tous, à
celui d'un feul.

## Second article définitif
### pour la paix perpétuelle.

*Il faut que le droit public foit fondé fur une
fédération d'Etats libres.*

Il en eft des peuples, en tant qu'Etats,
comme des individus; s'ils vivent dans
l'état de nature et fans loix, leur voifi-
nage feul eft un acte de léfion. L'un peut,
pour garantir fa fureté, exiger de l'autre

qu'il

qu'il établiſſe avec lui une conſtitution
qui garantiſſe à tous leurs droits. Ce ſeroit là une fédération de peuples, ſans
que ces peuples formaſſent néanmoins un
ſeul et même Etat, l'idée d'Etat ſuppoſant
le rapport d'un Souverain au peuple, d'un
ſupérieur à ſon inférieur. Or pluſieurs
peuples, réunis en un même Etat, n'en
formeroient plus qu'un ſeul; ce qui contredit la ſuppoſition, vû qu'il s'agit ici
des droits réciproques des peuples, en
tant qu'ils compoſent une multitude d'Etats
différens, qui ne doivent pas ſe confondre en un ſeul et même Etat.

Quand nous voyons les Sauvages
préférer dans leur anarchie, les combats perpétuels d'une liberté déréglée,
à une liberté raiſonnable, fondée ſur un
ordre conſtitutionnel, pouvons-nous nous
empécher d'enviſager avec le plus profond mépris cette dégradation animale de
l'humanité, et de rougir de l'aviliſſement

C

où le manque de civilisation réduit les hommes ? Combien plus ne seroit-on pas fondé à croire que des peuples civilisés, dont chacun forme un Etat constitué, dussent se hâter de sortir d'un ordre de choses aussi ignominieux ? Que voyons-nous au contraire ? Chaque Etat fait consister sa majesté (car il est absurde de parler de la majesté d'un peuple) précisément à ne dépendre de la contrainte d'aucune législation extérieure.

Le Souverain met sa gloire à pouvoir disposer à son gré, sans s'exposer beaucoup lui-même, de plusieurs milliers d'hommes, toujours prêts à se sacrifier pour un objet qui ne les concerne pas. La seule différence qui se trouve entre les Sauvages Américains et ceux d'Europe, c'est que les premiers ont mangé déjà plus d'une horde ennemie, au lieu que les autres savent tirer un meilleur parti de leurs ennemis; ils s'en servent pour

augmenter le nombre de leurs fujets, c'eft
à dire, des inftrumens qu'ils deftinent à
à des plus vaftes conquêtes. Quand on
fonge à la perverfité de la nature humaine,
qui fe montre à nu et fans contrainte
dans les relations des peuples entr'eux,
où elle n'eft point arrêtée, comme dans
l'état civil, par le pouvoir coactif des loix,
on doit s'étonner que le mot de droit
n'ait pas encore été banni totalement de
la politique de la guerre, comme un mot
pédantesque, et qu'il ne fe foit pas
trouvé d'Etat affez hardi pour profeffer
ouvertement cette doctrine. Car jusqu'à
préfent on a toujours cité bonnement,
pour juftifier une déclaration de guerre,
les G r o t i u s, les P u f f e n d o r f f,
les W a t t e l et d'autres inutiles et im-
puiffans défenfeurs des droits des peuples; quoique leur code, purement philofophique ou diplomatique, n'ait jamais
eu force de loi et ne puiffe pas non plus

l'obtenir, puisque les Etats ne font affer-
vis à aucun pouvoir coactif. Mais il est
fans exemple que leurs raifonnements, ap-
appuyés d'autorités auffi refpectables,
aient engagé un Etat à fe défifter de fes
prétentions. Et cependant, l'hommage
rendu ainfi, par tous les Etats, au principe du droit, ne fût-ce qu'en paroles,
prouve du moins une difpofition morale,
qui, bien qu'affoupie encore dans l'homme, tend néanmoins avec vigueur à affer-
vir en lui le mauvais principe, auquel il
ne peut entièrement fe fouftraire. Car
autrement les Etats ne prononceroient
jamais le mot de d r o i t, lorsqu'ils veu-
lent fe faire la güerre, fi ce n'eft peut-
être par ironie et comme l'interprètoit un
prince Gaulois: „c'eft, difoit-il, la pré-
„rogative accordée par la nature au fort,
„de fe faire obéir par le foible."

Quoiqu'il en foit, le champ de bataille
eft le foul tribunal, où les Etats plaident

pour leurs droits; mais la victoire, en leur faifant gagner le procès, ne décide pas en faveur de leur caufe. Le traité de paix qu'elle amène, ne les fait pas non plus fortir de l'état de guerre où ils reftent tout en quittant les armes, fans qu'on puiffe les accufer d'injuftice, puis-qu'étant leurs propres juges, ils n'ont pas d'autre reffource pour terminer leurs dif-férents. Le droit des gens ne pourra pas même les forcer, comme le droit na-turel y oblige les individus, à fortir de cet état de guerre, parcequ' ayant déja une conftitution légale, comme Etats, ils fe font fouftraits à toute contrainte étran-gère, qui tendroit à établir entr'eux un ordre conftitutionnel plus étendu.

Cependant, du haut du tribunal fu-prême du pouvoir législatif, la raifon condamne fans exception la guerre comme voie de droit; elle fait un devoir abfolu de l'état de paix; et comme cette pacification ne fauroit s'effectuer ni être garantie fans un pacte entre les peuples — il faut qu'ils forment une alliance d'une espèce particulière, qu'on pourroit appeller alliance pacifique (foedus pacificum) différente du traité de paix (pactum pacis), en ce qu'elle termineroit à jamais toutes les guerres, tandisque celui-ci n'en finit qu'une feule. Cette alliance ne tendroit à aucune domination fur les Etats, mais uniquement au maintien affuré de la liberté de chaque Etat particulier, qui participeroit à cette affociation, fans qu'ils aient befoin de s'affujetir, à cet effet, comme les hommes dans l'état de nature, à la contrainte légale d'un pouvoir public.

On peut prouver que l'idée d'une fédération, qui s'étendroit infenfiblement à tous les Etats et qui les conduiroit ainfi à une paix perpétuelle, peut être réalifée. Car fi le bonheur vouloit, qu'un peuple,

auffi puiffant qu'éclairé, pût fe confti-
tuer en république, (gouvernement, qui
par fa nature, doit incliner à une paix
perpétuelle) il y auroit dès-lors un cen-
tre pour cette affociation fédérative; d'autres Etats pourroient y adhérer pour garantir leur liberté d'après les principes
du droit public, et cette alliance pourroit
s'étendre infenfiblement.

Qu'un peuple puiffe dire : „il ne doit
„point y avoir de guerre entre nous : con-
„ftituons - nous en un Etat; c'eft à dire,
„établiffons nous-mêmes une puiffance lé-
„gislative, exécutive et judiciaire qui dé-
„cide nos différents“ cela fe conçoit.

Mais fi cet Etat difoit: „il ne doit
„point y avoir de guerre entre nous et
„d'autres Etats, quoique je ne reconnoiffe
„pas de pouvoir fuprême, qui garantiffe
„nos droits réciproques;“ fur quoi fonder cette confiance en fes droits, fi ce
n'eft fur ce fédéralisme libre, fupplément

du pacte focial, que la raifon doit comprendre fous le nom de dioit public, pour que ce
terme ne foit pas abfolument vide de fens.

· L'expreffion de droit public, prife dans
le fens de droit de guerre, ne préfente
proprement·aucune idée à l'efprit; puisqu'on entend alors par là la faculté de
décider le droit, non d'après des loix univerfelles qui reftreignent dans les mémes
limites tous les individus, mais d'après
des maximes partielles, favoir par la
force. A moins qu'on ne veuille infi-
nuer par cette expreffion, qu'il eft de
droit, que des hommes qui admettent de
pareils principes fe dévorent les uns les
autres et ne trouvent la paix éternelle
que dans un vafte tombeau qui les en-
gloutiffe eux et leurs forfaits.

Au tribunal de la raifon, il n'y a qu'un
feul moyen de tirer les Etats de cette
fituation turbulente, où ils fe voient toujours menacés de la guerre, favoir: de

renoncer, comme les particuliers, à la liberté anarchique des fauvages, pour fe foumettre à des loix coërcitives, et former ainfi un Etat de nations (civitas gentium) qui embraffe infenfiblement tous les peuples de la terre. Or comme les idées qu'ils fe font du droit public, les empêchent abfolument de réalifer ce plan, et leur font rejetter dans la pratique, ce qui eft vrai dans la théorie, on ne peut fubftituer (fi l'on ne veut pas tout perdre) à l'idée pofitive d'une république univerfelle, que le fupplément négatif d'une alliance permanente, qui empêche la guerre et s'étende infenfiblement pour arrêter le torrent de ces paffions injuftes et inhumaines, qui menaceront toujours de rompre cette digue *).

*Furor impius intus fremit horridus ore cruento,*                          Virgile.

---

*) Il ne conviendroit pas mal à un peuple, de célébrer, après une guerre, à la suite

# Troifième article définitif
## pour la paix perpétuelle.

————

*Le droit cosmopolitique doit fe borner aux con-*
*ditions d'une hofpitalité univelfelle.*

Il s'agit dans cet article, comme dans les
précédens, du droit, non de la philan-
thropie. Hofpitalité fignifie donc uniquement le droit qu'a chaque étranger de
ne pas étre traité en ennemi dans le pays
où il arrive.  On peut refufer de le re-

————————————

des actions de grâces pour la paix, un jeûne
folemnel, pour demander pardon à Dieu
du crime que l'Etat vient de commettre
et que le genre humain fe permet encore
toujours, de refufer de vivre avec les autres
peuples dans un ordre légal, auquel, jaloux
d'une orgueilleufe independance, il préfère
le moyen barbaro de la guerre, fans qu'
elle lui procure ce qu'il veut, la jouiffance
affurée de fes droits.  Les actions de grâces

cevoir, fi on le peut fans compromettre
fon exiftence; mais on n'ofe pas agir ho-
ftilement contre lui, tant qu'il n'offenfe
perfonne. Il n'eft pas queftion du droit
d'être reçu et admis dans la maifon d'un
particulier; cet ufage bienfaifant demande
des conventions particulières. On ne
parle que du droit qu'ont tous les hommes de demander aux étrangers d'entrer
dans leur fociété; droit fondé fur celui
de la poffeffion commune de la furface de
la terre, dont la forme fphèrique les oblige à fe fupporter les uns à côté des au-

---

qui fe rendent durant la guerre, les hymnes
qu'on chante, en vrais Juifs, au Seigneur des
armées, ne contrafient pas moins avec l'idée
morale du père des hommes; elles annoncent
une coupable indifférence pour les principes,
que les peuples devroient fuivre dans la défenfe
de leurs droits et expriment une joye infernale
d'avoir tué bien des hommes, ou anéanti leur
bonheur.

tres, parcequ'ils ne sauroient s'y disperser
à l'infini et qu'originairement l'un n'a pas
plus de droit que l'autre à une contrée.
La mer et des déserts inhabitables divi-
sent la surface de la terre, mais le vais-
seau et le chameau, ce navire du désert,
rétablissent la communication, et facilitent
à l'espèce humaine l'exercice du droit
qu'ils ont tous de profiter en commun de
cette surface. L'inhospitalité des habitans
des côtes (p. e. des côtes barbaresques),
l'usage qu'ils ont de prendre les vaisseaux
dans les mers voisines, ou de réduire à
l'esclavage les malheureux qui échouent
contre le rivage; le droit barbare qu'exercent les Arabes Béduins dans leurs déserts sablonneux, de piller tous ceux qui
approchent de leurs tribus errantes, toutes ces coutumes sont donc contraires aux
droits de la nature, qui néanmoins, en
ordonnant l'hospitalité, se contente de
fixer les conditions sous lesquelles on

peut eſſayer de former des liaiſons avec les indigènes d'un pays. De cette manière des régions éloignées les unes des autres, peuvent contracter des relations amicales, ſanctionnées enfin par des loix publiques, et le genre-humain ſe rapprocher inſenſiblement d'une conſtitution cosmopolitique.

A quelle diſtance de cette perfection ne ſont pas les nations civiliſées et surtout les nations commerçantes de l'Europe? A quel excès d'injuſtice ne les voit-on pas ſe porter, quand elles vont découvrir des pays et des peuples étrangers! (ce qui ſignifie chez elles les conquérir) L'Amériqne, les pays habités par les Nègres, les îles des épiceries, le Cap etc., furent pour eux des pays ſans propriétaires, parcequ'ils comptoient les habitans pour rien. Sous prétexte de n'établir dans l'Indoſtan que des comptoirs de commerce, ils y débarquèrent des troupes

étrangères, et par leur moyen ils oppri-
mèrent les naturels du pays, allumèrent
des guerres entre les différens Etats de
cette vaste contrée, y répandirent la fa-
mine, la rebellion, la perfidie et tout ce
déluge de maux qui afflige l'humanité.

La Chine et le Japon, ayant appris
à connoitre par expérience les Européens,
leur refusèrent sagement, sinon l'accès, du
moins l'entrée de leur pays, à l'exception
des Hollandois, qu'ils excluent néanmoins,
comme des captifs, de toute société avec
les habitans. Le pis, ou pour parler en
moraliste, le mieux est, que toutes ces
violences sont à pure perte; que toutes
les compagnies de commerce, qui s'en
rendent coupables, touchent au moment
de leur ruine; que les îles à Sucre, ce
repaire de l'esclavage le plus cruellement
raffiné, ne produisent pas de revenû réel,
et ne profitent qu'indirectement, ne ser-
vant même qu'à des vûes peu louables,

favoir à former des matelots pour les flot-
tes, par conféquent à entretenir des guerres en Europe; fervice qu'en retirent furtout les Puiffances qui fe targuent le plus
de dévotion et qui, tout en s'abreuvant
d'iniquités, prétendent égaler les élus en
fait d'orthodoxie.

Les liaifons, plus ou moins étroites,
qui fe font établies entre les peuples,
ayant été portées au point, qu'une violation de droits, commife en un lieu, eft
reffentie partout; l'idée d'un droit cofmo-
politique ne pourra plus paffer pour une
exagération phantaftique du droit; elle
eft le dernier degré de perfection néceffaire au code tacite du droit civil et public; car il faut que ces fyftèmes condui-
fent enfin à un droit public des hommes
en général, vers lequel on ne peut fe flat-
ter d'avancer fans ceffe, que moyennant
les conditions indiquées.

# Supplémens.

### Premier Supplément.

### De la garantie de la paix perpétuelle.

Le garant de ce traité n'eſt rien moins que l'ingénieuſe et grande ouvrière, la nature (natura daedala rerum). Sa marche méchanique annonce évidemment le grand but de faire naitre parmi les hommes, contre leur intention, l'harmonie du ſein même de leurs diſcordes. Voilà pourquoi, nous la nommons destin, l'enviſageant comme une cauſe néceſſitante, inconnue quant aux loix de ſes opérations. Mais l'ordonnance meſurée que nous obſervons dans le cours des événe-

mens

mens du monde, nous la fait nommer
Providence, en tant que nous voyons
en elle la fageffe profonde d'une caufe
fupérieure, qui prédétermine la marche
des deftinées et les fait tendre au but ob-
jectif du genre humain. Nous ne recon-
noiffons pas, il eft vrai, cette providence
aux arrangemens méthodiques de la nature; nous ne faurions même l'en déduire
par le raifonnement; nous ne pouvons
que la fuppofer, comme nous le faifons
toutes les fois que nous rapportons des
formes à quelque but; il nous faut même
cette fuppofition pour nous faire, de la
poffibilité de l'ordre de la nature, une
idée analogue aux opérations de l'art humain. L'idée du rapport de ce méchanisme au but moral que la raifon nous
preferit immédiatement, téméraire en théorie, eft dogmatique et d'une vérité bien
fondée dans la pratique; p. e. pour faire
fervir cet ordre phyfique du monde à la

D

réalifation du devoir de la paix perpétuelle. Comme la raifon n'ofe appliquèr
les rapports de caufes et d'effets, qu'aux
objets que l'expérience peut nous faire
connoître, il eft plus modefte et plus con-
venable aux bornes de l'efprit humain,
d'employer le mot de Nature, quand il
s'agit de théorie et non de religion, pré-
férablement à celui de Providence, qui
annonce une connoiffance prétendue de
fes myftères et un effor auffi téméraire
que le vol d'Icare, vers le fanctuaire de
fes impénétrables deffeins.

Avantque de déterminer la manière
même dont la Nature gárantit la paix perpétuelle, il fera néçeffaire d'examiner la
fituation où elle place les perfonnages
qui figurent fur ce vafte théâtre et les
mefures qu'elle a prifes pour leur rendre
cette paix néceffaire.

Voici les arrangemens préparatoi-
res :

1) elle a mis les hommes en état de vivre dans tous les climats.

2) elle les a dispersés au moyen de la guerre, afin qu'ils peuplassent les régions les plus inhospitalières.

3) elle les a contraints par la même voye à contracter des relations plus ou moins légales.

Que dans les vastes plaines qui bordent la mer glaciale, croisse pourtant la mousse, que la renne déterre sous la neige, pour servir elle-même soit à nourrir, soit à traîner l'Ostiaque ou le Samoïède; ou bienque les sables et le sel du désert soient rendus praticables par le moyen du chameau, qui semble créé précisément pour qu'on puisse les traverser; il y a déja là de quoi s'étonner. Ce but paroît plus marqué encore dans le soin qu'a pris la Nature de placer au rivage de la mer glaciale, outre les animaux couverts de fourrures, des phoques, des vaches marines

et des baleines, dont la chair fournit la
nourriture et la graiffe, du feu aux habitans. Mais l'intention maternelle de la
caufe du monde éclate le plus merveil-
leufement dans la manière fingulière dont
elle fournit (fans qu'on fache trop bien
comment) aux contrées dépourvuës de
végétation, le bois fans lequel les habitans n'auroient, ni canots, ni armes, ni
cabanes; étant d'ailleurs affez occupés à
fe défendre contre les bêtes féroces pour
vivre paifiblement entr'eux; — Mais pro-
bablement la guerre feule les aura pouf-
fés dans ces climats. Le premier inftrument de la guerre a fans contredit été le
cheval, que l'homme aura apprivoifé et
dreffé pour les combats lorsque la terre fe
peuploit d'habitans. L'éléphant a fervi
plus tard au luxe des Etats déja formés.
De même la culture des diverfes fortes
de bled, primitivement des gramens
inconnus aujourd'hui, et la multiplica-

tion et le perfectionnement des arbres fruitiers, soit par la transplantation, soit par la greffe (n'y ayant peut-être eu primitivement en Europe que des pommiers et des poiriers sauvages) ces opérations, dis-je, n'ont pu avoir lieu que lorsqu'une constitution établie assuroit à chaque propriétaire la jouissance de ses possessions. Il a fallu auparavant que les hommes, qui vivoient d'abord, dans une liberté anarchique, de chasse ou de pêche, eussent passé de la vie pastorale à celle d'agriculteurs, qu'ils eussent découvert le sel et le fer, (vraisemblablement les deux premiers objets de commerce entre des peuples différens) pour avoir entr'eux des relations pacifiques, et pour contracter, même avec les plus éloignés, des rapports de convention et de société.

Or la nature, après avoir mis les hommes en état de vivre partout sur la terre, a voulu aussi qu'ils le fissent; et si dispotiquement, qu'ils obéissent à sa volonté quoiqu'à regret et sans y être obligés par une loi morale. La guerre est le seul moyen qu'elle employe pour parvenir à cette fin. C'est par ce moyen qu'elle a séparé ces peuples, qui par l'identité de leur langue, annoncent celle de leur origine. Nous voyons le long des côtes de la mer glaciale les Samoïèdes parler la langue des habitans des monts d'Altaï, situés à deux cents milles de là ; entr'eux se trouve un peuple mongole, cavalier et par conséquent, belliqueux ; n'est-il pas probable qu'il aura poussé les premiers jusques dans les glaces inhospitalières, où ils n'auroient assurément pas pénétré de leur propre mouvement? Il en est de même des Finlandois, qui, à l'extrémité la plus septentrionale de l'Europe, s'appellent Lapons. Ils ont été séparés, par des peuples Goths et Sarmates, des Hongrois, qui malgré leur éloigne-

ment fe rapprochent d'eux par la confor-
mité de leur langue. Qu'eft-ce qui pourroit bien avoir porté au nord de l'Amérique les Esquimos, cette race d'hommes toute différente des autres peuples
du Nouveau Monde, qui defcend peut-
étre de quelques avanturiers Européens;
et au Sud, les Pefchemes jusques dans
l'Ile de feu, fi ce n'eft la guerre, dont la
Nature fe fert pour peupler toute la terre?

Quant à la guerre même, elle n'a befoin d'aucun motif particulier; elle femble
entée dans la nature humaine, paffant
même pour un acte de nobleffe, auquel
doit porter l'amour foul de a gloire, fans
aucun reffort d'intérêt. Ainf, parmi les
fauvages de l'Amérique, comme en Europe dans les fiècles de chevalei 4, la va-
leur militaire obtient de grands honneurs,
non feulement durant la guerre, comme
il feroit jufte, mais en tant qu'elle fait
entreprendre des guerres pour fe fign-er;

de forte qu'on attache une forte de dignité
à la guerre elle-même, et qu'il fe trouve
jusqu'à des Philofophes, qui en font l'éloge.
comme d'une noble prérogative de l'humanité, oubliant ce mot d'un Grec: „la guerre
„eft un mal, en ce qu'elle fait plus de
„méchans, qu'elle n'en emporte." —

Mais en voilà affez fur les mefures
que la Nature prend, pour conduire le
genre humain, en tant qu'il compofe une
claffe d'animaux, au but qu'elle s'eft propofé.

Il s'agit maintenant d'examiner ce qu'il
y a de plus effentiel relativement à la
paix perpétuelle, favoir, ce que la Nature
fait à cet égard; comment elle favorife
les vues morales de l'homme et garantit
l'exécution des loix que la raifon lui pre-
fcrit; tellement que tout ce que l'homme
feroit tenu de faire librement d'après le
droit civil, public et cosmopolitique, s'il
le néglige, il foit forcé à le faire, par

une contrainte de la nature, sans préjudice de sa liberté.

Quand je dis que la Nature veut
qu'une chose arrive, cela ne signifie pas
qu'elle nous en fait un devoir: il n'y a
que la raison pratique qui puisse prescrire
à des êtres libres, des loix sans les contraindre; mais cela veut dire que la Nature le fait elle-même, que nous le vou-
lions ou non.

*Fata volentem ducunt, nolentem trahunt.*

1. Lors-même que des discordes in-
testines ne forceroient pas un peuple à
s'assujettir à la contrainte des loix, il s'y
trouveroit réduit par le ressort extérieur
de la guerre: la Nature ayant placé, comme nous l'avons vu, à côté de chaque
peuple, un autre peuple voisin qui le
presse et l'oblige à se constituer en Etat,
pour former une puissance capable de
s'opposer à ses entreprises. Or la con-

ſtitution républicaine, la ſeule qui ſoit totalement conforme aux droits de l'homme
ſe trouve préciſément être la plus difficile à établir et à maintenir ; juſques-là
qu'il faudroit, comme on l'a dit, des an-
ges, et non des hommes dominés par des
penchans intéreſſés, pour réaliſer une forme de gouvernement ſi ſublime. Et c'eſt
ici, que la nature ſe ſert de ces penchans
intéreſſés eux-mêmes, pour donner à la
volonté générale, avec le reſpect qu'elle
doit à la raiſon, ſur laquelle elle eſt fondée, l'efficace pratique qui lui manque.
Il ne s'agit que d'organiſer tellement l'Etat
(et cela n'eſt pas au deſſus des forces humaines) que l'action et la réaction des
divers penchans en anéantiſſe ou en mo-
dère l'effet, et le rendant nul pour la raiſon, force l'homme à être, ſinon moralement bon, du moins bon citoyen.

Le problême d'une conſtitution, fût-ce
pour un peuple de démons, ( qu'on me

pardonne ce qu'il y a de choquant dans l'expreſſion,) n'eſt pas impoſſible à réſoudre, pourvûque ce peuple ſoit doué d'entendement. „Une multitude d'êtres rai„ſonnables ſouhaitent tous pour leur con„ſervation des loix univerſelles, quoique „chacun d'eux ait un penchant ſecret à „s'en excepter ſoi-même. Il s'agit de leur „donner une conſtitution qui enchaine „tellement leurs paſſions perſonnelles l'une „par l'autre, que, dans leur conduite ex„térieure, l'effet en ſoit auſſi inſenſible „que s'ils n'avoient pas du tout ces diſpo„ſitions hoſtiles." Pourquoi ce problême ſeroit-il inſoluble? Il n'exige pas qu'on obtienne l'effet déſiré d'une réforme morale des hommes. Il demande uniquement, comment on pourroit tirer parti du méchanisme de la nature, pour diriger tellement la contrariété des interêts perſonnels, que tous les individus, qui compoſent un peuple, ſe contraigniſſent eux-

mêmes les uns les autres à se ranger sous
le pouvoir coërcitif d'une législation, et
amenaſſent ainſi un état pacifique de législation.

' Quelqu' imparfaite que ſoit l'organiſa-
tion des Etats actuels, ils nous offrent
néanmoins une preuve de ce que j'avance.
Dans la conduite extérieure, on y appro-
che aſſez de ce qu'exige l'idée du droit,
quoique les principes intrinſèques de la
morale n'y contribuent aſſurément en rien,
et ne puiſſent pas non plus y contribuer,
puisque ce n'eſt pas à la morale à amener une bonne conſtitution, mais à celle-
ci à produire la réforme morale des hommes. L'exemple cité fait voir ſuffiſam-
ment que le méchaniſme de la nature,
ſuivant lequel des penchans intéreſſés doivent ſe combattre réciproquement jusques
dans leurs effets, peut ſervir à la raiſon de moyen pour ménager aux principes du droit le règne vers lequel elle

tend et à l'Etat l'établissement et le maintien assuré d'une paix extérieure et même
interne.

Ici la nature veut d'une manière irrésistible que le droit remporte enfin la victoire. Ce qu'on néglige de faire, elle le
fait, elle-même, quoique par des moyens
très déplaisans.

> *Vous pliez d'un roseau le fragile soutien;*
> *Courbez trop, il rompra. Qui veut trop, ne*
>                                     *veut rien.*
>
>                             Bouterweck.

2. L'idée du droit des gens suppose
l'indépendance réciproque de plusieurs
Etats voisins et séparés; et quoique cette
situation soit par elle-même un état de
guerre, si une union fédérative n'empêche
les hostilités, la raison préfère pourtant
cette coëxistence des Etats à leur réunion
sous une puissance supérieure aux autres
et qui parvienne enfin à la monarchie

universelle. Car les loix perdent toujours
en énergie autant que le gouvernement
gagne en étendue; et un defpotisme, qui,
tuant les ames, y étouffe les germes du
bien, dégénère tôt-ou tard en anarchie.

Cependant il n'eft point d'Etat dont
le chef ne défire de s'affurer une paix
durable par la conquéte de l'univers entier, fi elle étoit poffible. Mais la Nature
s'y oppofe. — Elle fe fert de deux moyens pour empêcher les peuples de fe
confondre, de la diverfité des langues et
des religions. *)

---

*) Diverfité de religions: expreffion
bien finguliêre; c'eft précifément comme fi l'on
parloit d'une diverfité de morales. Il peut bien
y avoir différentes fortes de foi hiftorique accordée à des événemens relatifs, non à la religion,
mais à fon établiffement et qui font du reffort
du favant; il peut également y avoir différens
livres de religion, (le Zendavefta, le Ve-
dam, le Coram etc.); mais il y a une feule

Cette variété renferme, il est vrai, le germe de haines réciproques et fournit même souvent un prétexte à la guerre mais à mesure que les hommes se rapprochent dans leurs principes, par une suite des progrès de leur civilisation, la diversité des langues et des religions amène et assure une paix fondée, non pas comme celle du despotisme, sur la mort de la liberté et l'extinction de toutes les forces; mais sur l'équilibre qu'elles gardent entr' elles malgré la lutte qui résulte de leur diversité.

3. Si la Nature sépare sagement les peuples, que chaque Etat voudroit combiner, soit par ruse, soit de force, et cela

---

religion vraie pour tous les hommes et pour tous les tems. Ce ne peuvent donc être là que des moyens accidentels, qui servent de véhicule à la religion et changent suivant les tems et les lieux.

d'après les principes mêmes du droit des
gens; elle se sert, au contraire, de l'esprit
d'intérêt de chaque peuple pour opérer
entr'eux une union, que l'idée seule du
droit cosmopolitique n'auroit pas suffisam-
ment garantie de la violence et des guerres. Je parle de l'esprit de commerce qui
s'empare tôt ou tard de chaque nation et
qui est incompatible avec la guerre. La
puissance pécuniaire étant celle de toutes
qui donne le plus de ressort aux Etats,
ils se voient obligés de travailler au noble ouvrage de la paix, quoique sans aucune vue morale; et quelque part que la
guerre éclate, de chercher à l'instant même
à l'étouffer par des médiations, comme
s'ils avoient contracté pour cet effet une
alliance perpétuelle; les grandes associa-
tions pour la guerre étant naturellement
rares et moins souvent encore heureuses.
C'est ainsi que la nature garantit, par le moyen même des penchans humains, la paix
per-

perpétulle ; et quoique l'assurance qu'elle nous en donne ne suffise pas pour la prophétiser théoriquement, elle nous empêche du moins de la regarder comme un but chimérique et nous fait par là-même un devoir d'y concourir.

### Second Supplément.

### Article secret pour la paix perpétuelle.

Il seroit contradictoire de faire entrer dans les procédures de droit public, un article secret, quant à son objet ; quoiqu'il puisse très bien y en avoir des secrets subjectivement, quant à la qualité des personnes qui les dictent ; celles-ci craignant peut-être de compromettre leur dignité, si elles s'en déclaroient ouvertement les auteurs ;

E

Le feul article de ce genre éft le fui-
vant: „les maximes des philofophes fur
„les conditions qui rendent poffible la
„paix perpétuelle, doivent être confultées
„par les Etats armés pour la guerre."

Or, il paroit humiliant pour l'autorité
législative d'un Etat, auquel il faut naturellement attribuer la plus haute fageffe,
de s'inftruire des règles à obferver dans
fes relations avec d'autres Etats, — au-
près des philofophes, fes fujets. Cependant, il eft néceffaire qu'il les confulte.
L'Etat les invitera donc tacitement à
donner leur avis: c'eft-à-dire, que, fai-
funt myftère de l'intention qu'il a de les
fuivre, il leur permettra de publier librement les maximes générales qui concer-
nent la guerre et la paix; car ils ne man-
queront point de parler, pourvu qu'on ne
leur impofe pas filence. Il n'eft pas non
plus befoin d'une convention particulière
des Etats pour s'accorder fur ce point,

puisque l'obligation, qui leur en eſt im-
poſée, découle déja des principes univer-
ſels de la raiſon légiſlative.

On ne prétend pas néanmoins que
l'Etat doive accorder aux principes du
philoſophe la préférence ſur les déciſions
du juriſconſulte, ce repréſentant du ſou-
verain; on veut ſeulement qu'il ſoit écouté.
Le juriſconſulte, qui s'eſt choiſi pour ſym-
bole, outre la balance du droit, le
glaive de la juſtice, ne ſe ſert pas toujours du dernier uniquement pour écarter
de la première toute influence étrangère;
mais, ſi l'un des baſſins ne penche pas à
ſon gré, il y place le glaive; (vae vic-
tis!) tentation à laquelle le juriſconſulte
ſe trouve expoſé, parcequ'il n'eſt pas toujours aſſez philoſophe, même moralement.
Sa vocation l'appelle à appliquer des loix
poſitives, non à examiner ſi elles auroient
beſoin de réforme. Et quoique ſes fonc-
tions ſoient par là-même d'une infériorité

bien évidente, néanmoins, parceque la
Faculté de droit se trouve revêtue de pouvoir, comme celles de Théologie et de
Médecine, le jurisconsulte assigne à la
sienne un des premiers rangs. La Faculté
philosophique est forcée par ces puissan-
tes coalisées de se contenter d'une place
bien inférieure. La philosophie, dit-on,
n'est que la servante de la théologie et
les autres Facultés en disent autant. Mais
on se garde bien d'examiner si elle pré-
cède sa dame, le flambeau à la main, ou
si elle lui porte la queue.

Que les Rois deviennent philosophes,
ou les philosophes Rois, on ne peut guère
s'y attendre. Il ne faut pas non plus le
souhaiter, — parceque la jouissance du
pouvoir corrompt inévitablement le jugement de la raison et en altère la liberté.
Mais que les Rois, ou les peuples Rois,
c. à. d. les peuples qui se gouvernent
eux-mêmes d'après des loix d'égalité, ne

fouffrent pas que la claffe des philofophes foit réduite à difparoitre ou à garder le filence, mais lui permettent au contraire de fe faire entendre librement; voilà ce qu'exige l'adminiftration du gouvernement qui ne fauroit s'environner d'affez de lumières. D'ailleurs la claffe des philofophes, incapable, par fa nature, de trahir la vérité, pour fe prêter aux vues intéreffées des clubiftes et des meneurs, ne risque pas de fe voir foupçonnée de propagandisme.

# Appendice.

## 1.

Sur l'oppofition qui fe trouve entre la Morale
et la Politique, au fujet de la paix
perpétuelle.

La Morale a déja par elle-même un objet pratique, puisqu'elle eft l'enfemble des
loix abfolues d'après lesquelles nous de-
vons agir. Il eft donc abfurde d'accorder
à l'idée du devoir toute fon autorité et
de prétendre néanmoins qu'on ne puiffe
pas le remplir, ce qui anéantiroit l'idée
même de devoir (ultra poffe, nemo
obligatur.) La Politique, entant qu'elle
eft une jurisprudence pratique, ne fauroit
donc être en contradiction avec la Morale

confidérée comme la théorie du droit;
(c'eft à dire, il n'y a point d'oppofition
entre la théorie et la pratique); à moins
qu'on n'entende par morale l'enfemble
des règles de la prudence, ou la théorie
des moyens les plus propres à remplir
des vuës d'intérêt; c'eft à dire, à moins
qu'on ne rejette entièrement toute idée
de morale.

La Politique dit: „foyez prudens
comme les ferpents; la Morale y
ajoute la reftriction: et fimples (fans
fauffeté) comme les colombes." Si
l'un et l'autre eft incompatible dans un
même précepte, la Politique fera réelle-
ment en oppofition avec la Morale; mais
fi ces deux qualités doivent abfolument
fe trouver réunies, l'idée du contraire eft
abfurde, et l'on ne peut plus même pro-
pofer comme problématique la queftion:
comment on accorderoit la Politique avec
la Morale. Quoique cette propofition:

l'honnêteté est la meilleure politique, annonce une théorie, trop souvent hélas! démentie par la pratique; aucune objection n'atteindra jamais celle - ci : l'honnêteté vaut mieux que toute politique et en est même une condition essentielle. La Divinité tutélaire de la Morale ne le cède pas à Jupiter; ce Dieu de la puissance est également soumis au destin; c'est à dire que la raison n'est pas assez éclairée pour embrasser toute la série des causes déterminantes, dont la connaissance seule la mettroit en état de prévoir avec certitude les suites heureuses ou malheureuses, que le méchanisme de la Nature fera résulter des actions humaines, (quoique nous les connoissions assez pour espérer qu'elles seront conformes à nos voeux.) Mais, ce que nous avons à faire pour rester fidelles au devoir et pour suivre les règles de la sagesse: voilà le but de la raison; c'est sur quoi elle nous fournit à tous les plus vives lumières.

Or l'homme d'Etat, qui voit dans la morale une simple théorie, tout en convenant du devoir et de la possibilité de l'exécution, prétend néanmoins nous ravir cruellement le consolant espoir qui nous anime; telle est, dit-il, la nature de l'homme, que jamais il ne voudra ce qui seroit nécessaire pour effectuer une paix perpétuelle.

Il ne suffit pas, sans doute, pour y parvenir, que chaque individu veuille vivre d'après des principes de liberté dans une constitution légale, ou, pour me servir des termes de l'école, qu'il y ait unité distributive de la volonté de tous; il faut encore que tous ensemble veuillent cet état; qu'il y ait unité collective des volontés combinées, pour faire un tout de la société civile. Il est donc nécessaire qu'une cause de réunion unisse les volontés individuelles de tous, pourqu'il y ait volonté générale. Or, aucun des individus né pouvant effectuer cette réunion, puisqu'il n'a qu'une volonté particulière, il ne reftera d'autre moyen de réalifer dans la pratique l'idée d'un état conftitutionnel, que la force, fur laquelle on fonde enfuite le droit public. Quoique fans doute on ne puiffe s'attendre dans l'exéqution de cette idée, qu'à des contraftes frappans avec la théorie ; puisqu'on ne peut guère fe promettre du législateur affez de moralité, pour qu' après avoir formé un peuple d'une horde de fauvages, il abandonne à la volonté générale l'établiffement d'une conftitution. Quand on a le pouvoir en mains, dit-on alors, on ne fe laiffera pas faire la loi par le peuple. Un Etat, parvenu une fois à l'indépendance, ne fe foumettra pas à la décifion d'autres Etats, fur la manière dont il doit foutenir fes droits contre eux. Une partie même

du monde; fi elle fe fent fupérieure à
une autre, ne négligera pas (d'aggrandir
fa puiffance, en fe foumettant celle qui
lui eft inférieure en forces. Et ainfi s'é-
vanouiffent tous les beaux pláns de droit
civil, public et cosmopolitique, qui ne
paroiffent plus que des théories chiméri-
ques; au lieu qu'une pratique, fondée fur
des principes déduits de la connoiffance
de la nature humaine et qui ne rougit
pas d'emprunter fes maximes de l'ufage
du monde, femble pouvoir feule efpérer
de pofer fur un fondement inébranlable
l'édifice de fa politique.

Je l'avoue, s'il n'y a ni liberté, ni loi
morale qui en découle; fi tout ce qui eft
et peut arriver, n'eft qu'un fimple méchanisme de la nature, toute la fcience pratique fe réduira à la politique; c'eft à dire,
à l'art de faire ufage de ce méchanisme
pour gouverner les hommes; l'idée du devoir ne fera plus alors qu'une chimère.

Mais fi au contraire, il paroit indifpen-
fable de combiner cette idée avec la politique, d'en faire même une condition
nécellaire, dès lors il faut convenir de la
poffibilité de leur combinaifon. Or je
puis très bien me repréfenter un politique moral, c'eft à dire, un homme
d'Etat, qui n'agiffe que d'après des principes avoués par la morale; au lieu que
je ne fauroit me faire l'idée d'un moralifte politique, qui accommode la morale aux intérêts de l'homme d'Etat.

Le politique moral aura pour principe:
que s'il s'eft gliffé des défauts, foit dans
la conftitution d'un Etat, foit dans les
rapports des Etats entr'eux, il eft principalement du devoir des chefs d'y faire
auffitôt des amendemens conformes au
droit naturel établi fur la raifon; duffent-
ils même facrifier à ces changemens leurs
propres intérêts. Ce n'eft pas à dire,
qu'ils doivent rompre violemment les liens

de la société civile et cosmopolitique
avant même que d'avoir une meilleure
forme à substituer à l'ancienne; une opé-
ration aussi brusque n'est pas moins désa-
vouée par la morale que par la politique;
mais ce qu'on peut exiger des gouvernans, c'est qu'ils aient toujours devant les
yeux le devoir d'opérer ces réformes et
de tendre par des progrès continuels vers
la meilleure constitution possible. Un Etat
peut avoir un gouvernement républicain,
lors-même qu'il laisse encore subsister un
pouvoir despotique, jusqu'à ce que le
peuple cède enfin à l'influence de l'autorité seule de la loi, comme si elle avoit
une puissance physique, et qu'il soit capable d'être son propre législateur, ainsi
que son droit primitif l'exige. Quand
même une révolution violente, nécessitée
par les défauts du gouvernement, auroit
amené, par des voyes injustes, un
meilleur ordre de choses; il ne seroit plus

permis de faire rétrograder le peuple vers
fon ancienne conftitution, quoique chacun
de ceux qui, pendant la durée de cette révolution, y ont participé, ouvertement ou
en fecret, ait encouru le jufte châtiment
de la rebellion. ...Quant aux relations ex-
tétieures des Etats, on ne fauroit prétendre qu'une nation renonce à fa conftitution, (fût elle même defpotique,) et par
conféquent la plus redoutable aux ennemis du dehors,) auffi longtems qu'elle fe
trouve expofée au danger d'être englou-
tie par d'autres Etats. Il faut donc que
cette réforme puiffe également fe renvo-
yer à une époque plus favorable. *)

---

*) Voilà les loix permiffives données par la
raifon. On peut différer l'abolition d'un droit
injufte, jusqu'à ce que tout ait mûri de foi-
même pour une régénération, ou que la ma-
turité foit amenée par des voies paifibles.
Car une conftitution, quoiqu' imparfaite, vaut

Il se peut que les moralistes des-
potiques violent plus d'une fois les
règles de la politique dans les mesures
qu'ils prennent ou proposent avec trop
de précipitation. Néanmoins l'expérience
doit bientôt les ramener vers la nature.
Au lieu que les moralistes politiques,
qui, disputant à la nature humaine la faculté d'obéir à la raison morale, favori-
sent des maximes d'Etat contraires au
droit, s'efforcent véritablement de rendre

———————————————————

mieux que l'anarchie qui résulteroit infailli-
blement d'une réforme précipitée. — La sagesse politique se fera donc un devoir de ré-
former l'état actuel des choses sur les idées
du droit public; mais elle ne se servira point
des révolutions, que la nature des choses
amène, pour s'autoriser à une oppression plus
tyrannique encore; elle en profitera au contraire, pour établir, par des réformes solides,
sur des principes de liberté, une constitution
légale, la seule qui soit de durée.

impoffible itoute réforme et d'éterniser la violation du droit.

Loin de poffeder cette fcience pratique dont ils fe vantent, ces habiles politiques n'ont que la pratique des affaires; uniquement occupés à encenfer le pouvoir dominant, parceque leur intérêt perfonnel y gagne, ils facrifient le peuple et bouleverferoient le monde entier, s'ils le pouvoient. Voilà ce qui arrive à tous les jurisconfultes de profeffion qui ne s'occupent pas de la législation. Sans raifonner fur les loix, ils font obligés de les exécuter; les dernières qui paroiffent font donc toujours pour eux les meilleures et rien ne les fait fortir de l'ordre méchanique auquel ils font habitués. Néanmoins la facilité qu'ils ont acquife de fe prêter à toutes les circonftances leur infpire la vanité de croire qu'ils peuvent auffi juger des principes univerfels du droit et du gouvernement.

La

La multiplicité de leurs relations leur fait faire la connoiſſance d'un grand nombre d'hommes et ils prennent cette connoiſſance pour celle de l'homme, quoiqu'elle ſoit bien différente, et qu'il faille pour acquérir la dernière, enviſager l'homme et ſes facultés dans un point de vue plus relevé. Fiers de leur eſprit d'obſervation, s'élèvent-ils jusqu'au droit civil et public? ils ne pourront y porter que l'eſprit de chicane; ils appliqueront leur procédure méchanique là même où ils ne trouvent pas de loix deſpotiques et où la raiſon ne tolère d'autre contrainte que celle d'une liberté légale, ſeul et unique fondement d'une conſtitution qui puiſſe garantir le droit. C'eſt à quoi réfléchit ſans doute très peu le praticien; il s'imagine pouvoir puiſer ſes notions dans l'expérience; et ſans avoir beſoin de principes de la raiſon, il veut que les conſtitutions qui ont paſſé jusqu'ici pour les

meilleures, quoiqu'elles aient presque toutes contrarié le droit, nous donnent l'idée
de la meilleure conſtitution poſſible.

Voici quelques maximes de ſophiſte
qu'il ſuit tacitement et à quoi ſe réduit à
peu près tout ſon ſavoir-faire :

1. Fac et excuſa. Saiſis l'occaſion
favorable de t'emparer d'un droit ſur ton
propre Etat, ou ſur un Etat voiſin. Après
l'action, la juſtification pourra ſe faire
avec bien plus de facilité et d'élégance :
(ſurtout dans le premier cas, où le pouvoir ſuprémé eſt en même tems le législateur auquel il faut obéir ſans raiſonner.)
Il vaut bien mieux commettre l'acte de
violence et l'excuſer enſuite, que de ré-
fléchir péniblement à des raiſons convain-
cantes et de perdre du tems à écouter
les objections. Cette hardieſſe même annonce une ſorte de conviction de la légi-
timité de l'action et la Divinité du ſuccès (Bonus Eventus) eſt enſuite le meilleur avocat.

2. **Si fecifti, nega.** Nie tout ce que tu as commis. Si tu as, p. e. porté ton peuple au défefpoir et ainfi à la révolte, n'avouë pás que ce foit ta faute Mets tout fur le compte de l'obftination des fujets. As-tu pris poffeffion d'un Etat voifin, foutiens qu'il faut s'en prendre à la nature de l'homme, qui, s'il n'eft pas prévenu, s'emparera certainement du bien d'autrui.

3. **Divide et impera.** Y a-t'-il dans un peuple certains chefs privilégiés, qui t'ont conféré le fouverain pouvoir (**primus inter pares**): divife les entr' eux, tâche de les brouiller avec le peuple. Favorife le dernier et promets lui plus de liberté; ta volonté aura bientôt force de loi abfoluë. Tes vuës fe portent-elles fur des Etats étrangers? excite entr'eux des discordes; et fous prétexte d'affifter toujours le plus foible, tu pourras te les affujettir tous, les uns après les autres.

Perſonne, il eſt vrai, n'eſt plus la dupe de ces maximes, trop univerſellement connues pour en impoſer encore. Il n'eſt pas non plus queſtion d'en rougir, comme ſi leur injuſtice étoit trop ſenſible. De grandes puiſſances ne rougiſſent que du jugement qu'elles portent l'une de l'autre, et non de celui du vulgaire. D'ailleurs comme elles ſont toutes au pair relativement à la moralité de leurs maximes, elles ne rougiſſent pas de ce qu'on les leur impute, mais lorsqu'elles les employent ſans ſuccès. Il leur reſte toujours l'honneur politique, qu'on ne peut pas leur diſputer, ſavoir: l'aggrandiſſement de leur puiſſance, de quelque manière qu'ils l'aient effectuée. *)

---

*) Si l'on doute encore du fonds de perverſité qui paroit enraciné dans les hommes, réunis en ſociété; ſi l'on impute même avec quelque vraiſemblance à un manque de civiliſation les phénomènes immoraux qui leur échappent;

\* \* \*

Tous ces détours où s'engage une po‚
litique immorale pour conduire les hom‚
mes de l'état de guerre, qui eft celui de
la nature, à une situation pacifique, prou‚

---

cette malice fe manifefte évidemment dans les
relations extérieures des Etats. Dans l'inté‚
rieur de l'Etat, elle eft voilée par la con‚
trainte des loix civiles; le penchant pour des
actes réciproques de violence fe trouve en‚
chaîné chez les citoyens par la force plus puif‚
fante du gouvernement. Voilà ce qui, non
feulement, répand fur la fociété entière une
apparence de moralité, mais facilite même
effectivement le développement des facultés
morales, en mettant une barrière à l'effer‚
vefcence des penchans illégitimes, et prépare
ainfi les hommes à refpecter le droit pour lui‚
même. Car chacun s'imagine qu'il refpecte‚
roit bien l'idée facrée du droit, s'il étoit fûr
qu'elle ne fut pas violée par les autres à fon
égard. Or le gouvernement, qui donne en
partie cette certitude à chacun, ouvre par là
les voies à la moralité; et quoiqu'il ne faffe

vent du moins: que, ni dans leurs relations perfonnelles, ni dans leurs rapports
publics, les hommes ne fauroient fe refufer à l'idée du droit; qu'ils ne hazardent
pas de fonder la politique fur de fimples

---

pas refpecter l'idée même du droit, il conduit
néanmoins à ce refpect immédiat et définté-
reffé, qui fait obferver le devoir fans efpérance
de retour. — Il eft vrai, qu'à côté de la
bonne opinion que chacun a de foi-même, il
fuppofe toujours à autrui des difpofitions ma-
lignes. De là la fentence de condamnation
qu'ils prononcent les uns contre les autres:
déclarant que, dans le fait, tous ne valent pas
grand' chofe. Nous n'examinerons pas ici
d'où peut réfulter cette dépravation générale,
puisqu'on ne fauroit en accufer la nature de
l'homme, qui eft libre. Nous dirons feulement que puisque l'idée du droit, à laquelle
perfonne ne peut refufer le refpect, fanctionne
folèmnellement la théorie, qui fuppofe la poffibilité de réalifer cette idée, chacun fent bien
qu'il faut qu'il s'y conforme, fans s'embar-
raffer de ce que font les autres.

artifices de prudence, ni par conféquent
de fe fouftraire à l'idée d'un droit uni-
verfel; qu'ils lui témoignent au contraire
tous les égards poffibles, furtout dans le
droit public, lors-même qu'ils imaginent
des prétextes et des palliatifs à l'infini,
pour y échapper dans la pratique, et
qu'au fonds ils attribuent par une grof-
fière erreur l'origine et le maintien du
droit à la force aidée de la rufe. — Met-
tons fin, finon à l'injuftice elle-même, du
moins aux Sophismes dont on fe fert pour
la voiler; forçons les perfides repréfen-
tans des puiffances à avouer, qu'ils ne
plaident pas en faveur du droit, mais de
la force, qui fe retrouve jusques dans
leur ton impérieux, comme fi leur pouvoir s'étendoit jusqu'à commander à la
vérité.

Pour y parvenir, dévoilons le preftige
qui abufe les efprits; remontons jusqu'au
principe qui néceffite une paix perpétuelle;

et montrons, que le mal qui y met ob-
ſtacle, vient de ce que le moraliſte politique commence là où doit proprement
finir le politique moral; qu'en ſubordon-
nant ainſi les principes au but, (ce qui
s'appelle mettre la charruë devant les
bœufs) il nuit à ſa propre cauſe, et
s'empêche lui-même d'accorder la politique avec la morale.

Décidons d'abord une queſtion générale d'où dépend l'uniformité qui doit
règner dans la philoſophie pratique. Pour
réſoudre les problèmes propoſés à la raiſon pratique, faut-il commencer par'examiner le but matériel qu'on ſe propoſe
(comme ſeroit l'avantage et le bonheur
qui réſulteroit de l'action et qui eſt l'objet de la volonté)? ou bien, oubliant tous
ſes rapports ſenſibles, doit-on ſimplement
faire attention au principe formel, c'eſt à
dire, à la condition ſous laquelle la liberté peut s'exercer au dehors? principe

exprimé dans cette loi : agis de manière
que tu puiffes vouloir que la maxime d'a-
près laquelle tu te détermines, devienne
une loi générale (quelque foit le but que
tu te propofes).

Il eft indubitable qu'il faut commencer
par le principe formel ; puisqu'en qualité
de principe de droit, il renferme une néceffité abfolue ; tandisque le principe matériel ne néceffite que conditionnellement
et dans la feule fuppofition qu'on veuille
atteindre le but qu'on a en vuë ; et quand
ce but feroit lui-même un devoir (comme
p. e. la paix perpétuelle) il faudroit pourtant qu'il eût été déduit du principe formel des actions libres. —

Or ici, le problème d'un droit civil,
public et cosmopolitique, n'eft pour le
moralifte politique, qu'un problème tech-
nique, au lieu qu'il devient problème
moral pour le politique moral. L'un et
l'autre auront une route bien différente à

fuivre pour établir la paix perpétuelle,
confidéréel, par l'un, comme un fimple
bien phyfique, mais par l'autre, comme
une fituation néceffitée par le devoir.

Il faut au premier une vafte connoiffance de la nature, pour en faire fervir
le méchanisme à fon but politique; malgré cela, le réfultat de toute fa prudence
laiffera toujours la paix perpétuelle dans
l'incertitude. Parcourez, pour vous en
convaincre, les trois efpèces de droit
public. Qu'eft ce qui fera le plus propre
à maintenir le peuple dans l'obéiffance et
la profpérité ? eft-ce la févérité, ou l'ap-
pas des diftinctions qui flattent la vanité ?
Sera-ce la puiffance d'un feul, ou la réunion de plufieurs chefs ? une nobleffe de
robe, ou le pouvoir du peuple ? rien de
plus incertain. L'hiftoire nous fournit
des exemples du contraire pour toutes
les formes de gouvernement ( à l'exception de celle qui eft vraiment républicaine

et qui ne peut auffi entrer que dans l'efprit
du politique moral. Il règne plus d'incertitude encore dans ce prétendu droit
public fondé fur des ordonnances mini-
ftérielles: mot vide de fens, qui ne dé-
figne que des actes conventionnels, con-
clus avec la reftriction mentale de leur
violation. —

Il en eft tout autrement du problème
du politique moral. Ici la folution vient,
en quelque forte, s'offrir d'elle-même à
l'efprit, chacun en reconnoit l'évidence.
Elle fait rougir le politique de l'inutilité
de fes manoeuvres. Elle conduit immédiatement au but, quoique par des progrès infenfibles, et fans le forcer avec une
précipitation violente.

C'eft là qu'on dit: cherchez pre-
mièrement le règne de la pure raifon pratique et fa juftice; et votre
but (le bienfait de la paix perpétuelle)
vous fera donné par deffus. Car

voici la prérogative de la morale, furtout
dans fes principes du droit public (par
conféquent dans fa politique a priori).
Moins elle vife, dans la conduite, au but
donné c. a. d. à l'avantage phyfique ou
moral qu'on a en vue, plus néanmoins
elle y conduit. Car c'eft la volonté générale réglée a priori, qui détermine ce
qui eft de droit, foit dans un même peuple, foit dans les relations des peuples
entr'eux. Or, pourvûqu'on refte d'accord
avec foi-même dans la pratique, cette
unité des volontés de tous, peut en même
tems produire l'effet défiré, d'après le méchanisme de la nature et contribuer à la
réalifation de l'idée du droit. —

C'eft, p. e. un principe de la politique
morale; qu'un peuple ne doit fe confti-
tuer en Etat que d'après les idées du
droit de liberté et d'égalité; et ce principe ne fe fonde pas fur la prudence,
mais fur le devoir. Or, que les moraliftes

politiques s'y oppofent tant qu'ils vou-
dront; qu'ils s'épuifent à raifonner fur
l'inefficace de ces principes contre les af-
fections naturelles des membres de la fociété; qu'ils allèguent même, pour appuyer
leurs objections, l'exemple de conftitutions
anciennes et modernes, toutes mal orga-
nifées (comme celui de démocraties fans
fyftème repréfentatif); tous leurs argu-
mens ne méritent pas d'être écoutés; furtout parcequ'ils occafionnent peut-être
eux-mêmes ce mal moral, dont ils fuppo-
fent l'exiftence, par cette théorie funefte,
qui confond l'homme dans une même claffe
avec les autres machines vivantes, et qui,
pour en faire le plus malheureux de tous
les êtres, n'a plus qu'à lui ôter la confci-
ence de fa liberté.

La fentence un peu cavalière, mais
vraie, fiat juftitia, pereat mundus;
c'eft à dire: que la juftice règne, duffent
périr les fcélérats de tout l'univers; cette

fentence, qui a paffé en proverbe, eft un
principe de droit bien énergique, et qui
tranche courageufement tout le tiffu de la
rufe ou de la force. Mais il faut le bien
comprendre. Il n'autorife pas à faire valoir
fes droits en toute rigueur. La morale
s'y oppofe. Il commande feulement aux
puiffants de ne refufer, ni d'exténuer à
perfonne fon droit par averfion ou par
commifération pour d'autres; ce qui exige
d'un côté, une conftitution intérieure fondée fur les principes du droit, et de l'autre, une convention avec les autres Etats
analogue à une conftitution cosmopolitique et tendante à régler légalement leurs
différents. Cette fentence fignifie uniquement: que les maximes politiques ne doivent pas être fondées fur la profpérité
qu'on peut s'en promettre pour l'Etat;
qu'on n'y doit pas faire attention au but
matériel, objet de la volonté de chaque
Etat, et qui ne peut fervir de premier

principe à la politique, que lorsqu'elle
veut puiser ses maximes dans l'expérience;
qu'il faut déduire les maximes d'Etat de
la pure idée du devoir, qu'elles qu'en
puissent être les suites physiques. Et certes, l'univers ne croulera pas s'il y a
moins de méchans. Telle est la nature
essentielle du mal moral, que l'opposition
même des vuës de ses partisans le détruit
insensiblement, et que, s'anéantissant lui-
même, il fait peu à peu place au principe du bien moral.

*       *       *

Objectivement, ou dans la théorie; il
n'y a donc pas d'opposition entre la morale et la politique. Mais il y en aura
toujours subjectivement, c'est à dire, par
une suite du penchant égoïste de l'homme; (je dirois: dans la pratique, si ce
terme ne supposoit pas une conduite fon-

dée fur les maximes de la raifon). Et, au fonds, cette lutte fert d'exercice à la vertu.

*Tu ne cede malis, fed contra audentior ito.*

Mais l'effort le plus courageux de la vertu confifte moins, dans ce cas, à braver les maux inféparables de ce combat, qu'à découvrir et à vaincre au dedans de nous le mauvais principe, dont l'artificieux menfonge et les perfides fophismes vont à nous perfuader fans cefle que la fragilité humaine juftifie tous les délits.

Le moralifte politique peut dire effectivement: fi le prince et le peuple, ou les peuples entr'eux, employent la rufe ou la force pour fe combattre, ils ne fe font pas tort les uns aux autres, quoiqu'ils aient tort de refufer tout refpect à l'idée du droit, qui feule pourroit fervir de bafe à une paix perpétuelle. Car, l'un manquant à fon devoir envers l'autre tout auffi mal-intentionné à fon égard, il eft dans l'ordre qu'ils s'entre détruifent;

mal-

malheureusement il refte encore affez de
cette engeance pour faire durer ce jeu
jusques dans les fiècles les plus reculés
et fournir à la poftérité une effrayante
leçon. La Providence, qui règle le cours
du monde, eft juftifiée fuffifamment par
le maintien du principe moral, qui ne
s'éteint jamais dans l'homme; puisqu'au
contraire, les progrès continuels de l'efprit
humain développent d'avantage la raifon,
et la rendent plus propre à réalifer l'idée
du droit, conformément au principe moral,
comme ils rendent plus coupables ceux
qui le violent. Il n'y a que l'exiftence
et la création même de cette race dépra-
vée qui femble ne pouvoir être juftifiée
par aucune théodicée, fi nous admettons
que le genre humain ne peut jamais
s'améliorer. Mais il ne nous eft pas permis de nous élever, dans nos jugemens
théoriques, au deffus de notre fphère, et
la puiffance infinie eft trop incompréhen-

fible, pour que nous ofions lui appliquer nos idées de fageffe. —

Telles font les conféquences défo-lantes qui réfultent du fyftème où l'on déclare impraticables les principes du droit. Il faut donc admettre leur réalité objective; c'eft fur eux qu'il faut que le peuple règle fa conduite dans chaque Etat, et les Etats, leurs relations réciproques; quelque fpécieufes que foyent les objecti-ons que la politique déduit de l'expérience.

Ainfi la vraie politique ne fauroit faire un pas, fans avoir auparavant rendu hom-mage à la morale; unie à celle-ci, elle n'eft plus un art difficile ni compliqué; la morale tranche le noeud que la politi-que eft incapable de délier, tant qu'elles fe combattent. — Il faut refpecter fain-tement les droits de l'homme, duffent les fouverains y faire les plus grands facrifi-ces. On ne peut pas fe partager ici entre le droit et l'utilité; la politique doit

ploïer le genou devant la morale; mais
aussi parviendra-t'-elle insensiblement par
cette voie à briller d'une gloire immor-
telle.

———————

## II.

### De l'accord que l'idée transcendante du droit établit entre la politique et la morale.

Quand je me représente, selon l'usage
des jurisconsultes, le droit public dans
tous ses rapports avec les relations des
individus d'un Etat et des Etats entr'eux;
si je fais alors abstraction de tout le matériel du droit, il me reste encore une forme,
qui lui est essentielle, celle de la p u b l i-
c i t é. Sans elle, il n'est point de justice,
puisqu'on ne sauroit la concevoir, que
comme pouvant être rendue publique;
sans elle, il n'y auroit donc pas non plus

de droit, puisqu'il ne fe fonde que fur la juftice.

Chaque prétention juridique doit pouvoir être rendue publique; et comme il eft très aifé de juger dans chaque cas, fi les principes de celui qui agit fupporteroient la publicité, cette poffibilité même peut fervir commodément de criterium purement intellectuel, pour réconnoitre, par la raifon feule, l'injuftice d'une prétention juridique.

J'entends par le matériel du droit civil et public tout ce que l'expérience feule peut nous faire ajouter à fon idée (telle eft p. e. la malice prétendue de la nature humaine, qui doit néceffiter la contrainte). Faifons abftraction de tout cela: nous aurons alors une formule tranfcendante du droit public; la voici:

„Toutes les actions, relatives au droit „d'autrui, dont la maxime n'eft pas „fufceptible de publicité, font injuftes."

Ce principe n'eft pas feulement moral et effentiel à la doctrine de la vertu; il eft auffi juridique et fe rapporte égalememt au droit des hommes. Car une maxime que je n'ofe publier, fans agir contre mes propres fins, qui exige abfolument le fecret pour réuffir, et que je ne faurois avouer publiquement, fans armer tous les autres contre mon projet: une telle maxime ne peut devoir qu'à l'injuflice dont elle les menace, cette oppofition infaillible et univerfelle, dont la raifon prévoit la néceffité abfolue.

D'ailleurs ce principe eft purement négatif: il ne fert qu'à reconnoitre ce qui eft contraire au droit des autres. — Il a l'évidence et la certitude des axiómes, et l'on peut aifément en faire l'application. Quelques exemples puifés dans le droit public vont le prouver.

1. Dans le droit civil on rencontre une queftion, regardée comme très diffi-

cile à réfoudre et que le principe transcendant de la publicité tranche d'abord:
favoir, fi un peuple eft en droit de fecouer
par la rebellion le joug d'un tyran (non
titulo, fed exercitio talis.) Les
droits du peuple font violés; on ne fait
pas tort au tyran en le détrônant: cela
eft hors de doute. Il n'en eft pas moins
vrai que les fujets ont le plus grand tort
de pourfuivre leur droit de cette manière,
et qu'ils ne fauroient fe plaindre d'injuftice, fi, fuccombant dans la lutte, ils fe
voyoient frappés des plus rudes châti-
mens.

Veut-on décider la queftion par une
déduction dogmatique des droits, on ar-
gumentera longtems pour et contre; mais
notre principe tranfcendant du droit public nous épargne toutes ces difficultés.

D'après lui, un peuple fe demande
avant l'inftitution du contract focial, s'il
oferoit bien publier le deffein qu'il auroit

de se révolter dans une occasion donnée. On voit bien que si, en fondant une constitution, le peuple se réservoit la condition de pouvoir un jour employer la force contre son chef, il s'arrogeroit un pouvoir légitime sur lui. Mais alors le chef cesseroit de l'être; ou si on vouloit faire de cette condition une clause de la constitution, celle-ci deviendroit impossible et le peuple manqueroit son but. L'injustice de la rebellion se manifeste donc, en ce que la publicité rendroit impraticable la maxime qui la permet. Il faudroit par conséquent la tenir secrette. — Or, il n'en seroit pas de même du chef de l'Etat. Il peut hardiment déclarer qu'il punira de mort tout auteur de révolte, lors-même que les conspirateurs s'imagineroient que le chef a le premier violé la loi fondamentale de la constitution civile; le chef doit jouir d'un pouvoir irrésistible et inviolable, puisqu'il n'auroit pas le droit de commander à chacun, s'il n'avoit pas le pouvoir de protéger chacun contre les autres. Or se sentant revêtu de ce pouvoir, il n'a pas non plus à craindre d'agir contre ses propres vues en publiant sa maxime. Une conséquence non moins évidente de ce principe, c'est que si le peuple réussit dans sa révolte, le chef rentrant dans la classe des sujets, n'ose, ni renouveller la rebellion pour remonter sur le trône, ni être appellé à rendre compte de son administration précédente.

2. Le droit des gens suppose un état juridique; car étant un droit public, il renferme déja dans sa notion la déclaration des droits que la volonté générale assigne à chacun. Cet état juridique doit résulter d'un pacte antécédent, fondé, non sur des loix de contrainte, comme le pacte civil, mais, si on veut, sur une association permanente et libre, telle que la

fédération des Etats dont il a été queftion plus haut.

Dans l'état de nature et fans une forte
d'état juridique, qui uniffe entre elles les
diverfes perfonnes phyfiques ou morales,
il ne peut y avoir qu'un droit particulier. — Or, il fe manifefte égulement ici
entre la politique et la morale qui fe rapporte au droit, une contrariété tout auffi
aifée à lever, fi on y applique le principe de la publicité des maximes. Je
fuppofe toute fois que la fédération des
peuples n'aura pour objet que le maintien de la paix et non des conquétes. —

Voici les problèmes fur lesquels la
politique ne s'accorde pas avec la morale,
et leur folution.

a) Lorsqu'un Etat a promis à l'autre
   des fecours, la ceffion de quelque
   province, ou des fubfides etc. on demande, s'il peut fe dédire de fa pa-
   role, au cas que le falut de l'Etat

foit compromis, en prétendant être envifagé fous un double point-de-vuë: tantôt comme Souverain, libre de toute refponfabilité envers l'Etat, tantôt comme premier fonctionnaire public, comptable à fes concitoyens; de forte qu'il puiffe fe rétracter, en cette dernière qualité, des engagemens pris en la première. —

Mais fi un Etat, ou fon chef, rendoit cette maxime publique, naturellement tous les autres éviteroient de traiter avec lui, ou s'affocieroient entr'eux pour s'oppofer à fes prétentions; ce qui prouve que la politique, avec toute fon adreffe, renverferoit elle-même fon but, en ufant de franchife: et que par conféquent la maxime en queftion doit être injufte.

b) Si une puiffance s'eft rendue formidable par fes accroiffemens, ofe t'on admettre — qu'elle voudra

opprimer les autres, parcequ'elle le
peut; et les puiſſances du ſecond
ordre ſont-elles pour cela en droit
de l'attaquer conjointement, ſans en
avoir été offenſées? — Un Etat qui
déclareroit ouvertement cette maxime,
ne feroit qu'empirer le mal, au lieu
de l'étouffer. Car la puiſſance ſupérieure préviendroit la moindre et l'aſ-
ſociation des autres n'eſt qu'un foible
roſeau, incapable de réſiſter à qui-
conque entend bien le divide et
impera. Cette maxime de politique, rendue notoire, anéantit donc
néceſſairement elle-même ſon effet,
et par conſéquent elle eſt injuſte.

c) Quand un petit Etat eſt ſitué de
manière qu'il intercepte, entre les
parties d'un grand Etat, la communication néceſſaire à ſa conſervation, le
plus grand n'eſt-il pas autoriſé à ſou-
mettre l'autre, ou à ſe l'incorporer?

Il eſt aiſé de s'appercevoir qu'il doit bien ſe garder de laiſſer tranſpirer cette maxime avant l'exécution; car, ou les petits Etats formeroient, de bonne heure, des alliances défenſives, ou d'autres grandes puiſſances ſe diſputeroient la proie. La publicité rendroit donc cette maxime impraticable! marque certaine qu'elle eſt inJuſte. Auſſi peut-elle l'étre à un très haut degré. Car quelque petit que ſoit l'objet d'une injuſtice, l'injuſtice elle-même peut étre très grande.

3. Je paſſe ſous ſilence le droit cosmopolitiqne, parcequ'il eſt très aiſé d'en former et d'en apprécier les maximes, vû ſon analogie avec le droit des gens.

*      *      *

Voilà donc un caractère auquel nous pouvons reconnoître la non-conformité d'une maxime de politique avec la morale qui fe rapporte au droit: favoir, l'incompatibilité des maximes du droit public avec la publicité. Il f'agit maintenant d'apprendre les conditions fous lesquelles ces maximes f'accordent avec le droit des gens. Car on ne peut pas conclure de la notoriété d'une maxime qu'elle foit jufte, puisqu'on n'a pas befoin de cacher fes plans quand on a une fupériorité décidée de pouvoir. —

La première condition néceffaire pour rendre le droit public poffible, c'eft en général l'exiftence d'un ordre juridique. Or nous avons vu plus haut qu'il n'y a pas d'autre état juridique compatible avec la liberté des Etats, que leur affociation fédérative pour le feul maintien de la paix. L'accord de la politique avec la morale ne peut donc avoir lieu qu'au moyen d'une femblable affociation fondée fur les principes intellectuels du droit et

par conféquent néceffaire. Toute politique fe fonde fur ce fédéralisme légal,
autrement elle n'eft qu'un raffinement
d'injuftice. Les cafuiftes Jéfuites n' ont
pas autant de fubtilités que cette fauffe
politique. Elle a d'abord les reftrictions mentales, les équivoques qu'
elle fait gliffer adroitement dans les traités publics, pour pouvoir enfuite les ex-
pliquer à fon avantage: comme p. e. la
diftinction entre le ftatus quo de fait
et de droit; — le probabilisme:
pour forger des intentions hoftiles et les
attribuer aux autres; pour imaginer une
fupériorité vraifemblable de pouvoir et
en faire un droit en faveur duquel on
puiffe miner des Etats paifibles; — Enfin le péché philofophique
(peccatillum, bagatelle) pour
pouvoir regarder comme une faute très
pardonnable et peut-être même comme
un bien pour le genre-humain, que les
grands

grands Etats en engloutiffent de plus petits *).

Le prétexte fpécieux de toutes ces
maximes, c'eft la morale elle-même, dont
la duplicité politique fait employer les diverfes branches à fes fins. La bienveuillance eft un devoir auffi bien que le refpect pour les droits de l'homme: mais
elle n'eft qu'un devoir conditionnel, celui-
ci eft abfolu et néceffaire. Il faut être

----

*) On trouvera les exemples de l'appli-
cation de toutes ces maximes dans la differta-
tion de Mr. le Confeiller Garve fur l'union
de la politique avec la morale. 1788.
Ce refpectable favant avoue, dès le commence-
ment, être hors d'état de réfoudre totalement
ce problème. Mais, approuver cette union,
fans croire qu'on puiffe réfuter toutes les objections qu'on y oppofe, n'eft-ce pas accorder
plus qu'on ne doit à ceux qui ne fe mon-
trent que trop difpofés à abufer d'une pareille
facilité.

affuré de n'avoir jamais bleffé ce dernier,
pour pouvoir fe livrer au doux fentiment
de la bienveuillauce. La politique f'accorde aifément avec la morale, entant que celle-ci règle les mœurs, pour pouvoir abandonner les droits des hommes à leurs fupé-
rieurs; mais pour la morale, entant qu'-
elle établit les droits de l'homme, au lieu
de fe pofterner devant elle, comme elle
le devroit, la politique trouve à propos
de la combattre et de lui difputer toute
réalité, fe retranchant à réduire tous les
devoirs à la bienveuillance. Or cet arti-
fice d'une politique ténébreufe feroit bientôt démafqué par la publicité de fes maximes, que les philofophes produiroient au
grand jour, fi elle avoit feulement le cou-
rage de leur permettre la publication de
leurs principes,

Dans cette vue, je propofe un autre
principe transcendant et affirmatif du droit
public, dont la formule feroit :

„Toutes les maximes, qui pour avoir „leur effet, ont befoin de publicité, „s'accordent avec la morale et la po- „litique combinées.‟

Car, fi elles ne peuvent produire leur effet qu'autant qu'elles font notoires, il faut qu'elles s'accordent avec le but général du public, avec le bonheur: par conféquent, elles conviennent à la politique qui s'occupe à imaginer un état de chofes, dont chacun puiffe être content. Et fi ce but ne peut s'atteindre que par la publicité des maximes qu'on propofe, c'eft à dire, qu'en écartant d'elles tout fujet de défiance, il faut encore qu'elles foient conformes aux droits du public: seul point de réunion où puiffent fe raffembler les fins particulières de tous. Je renvoye à une autre occafion le développement de ce principe. J'ajoute feulement, qu'il eft transcendant, puisque fa formule ne renferme rien de matériel, rien qui fe rapporte à la doctrine du bonheur, et qu'il faille puifer dans l'expérience; elle ne vife qu' à la forme d'univerfalité qui donne force de loi aux maximes.

*   *   *

S'il eft du devoir, fi l'on peut même concevoir l'efpérance, de réalifer, quoique par des progrès fans fin, le règne du droit public, la paix perpétuelle, qui fuccèdera aux t r è v e s, jusqu' ici nommées traités de paix, n'eft donc pas une chimère, mais un problème dont le tems, vraifemblablement abrégé par l'uniformité des progrès de l'efprit humain, nous promèt la folution.

Fin.

www.ingramcontent.com/pod-product-compliance
Lightning Source LLC
Chambersburg PA
CBHW052119090426

42741CB00009B/1868